RACCONTINI

EASY ITALIAN READER

Copyright © 2013 by Alfonso Borello
All rights reserved

Cover design by Alfonso Borello
Image: CC0 by Feliciano Guimarães
Used under GNU license

IL BANCHETTO

EASY ITALIAN READER

Copyright © 2013 by Alfonso Borello
All rights reserved

L'umiltà é l'unica dote.

PREFAZIONE

La storia che state per leggere é scritta con un vocabolario ridotto per facilitarne la lettura agli studenti d'Italiano con una conoscenza media della lingua. E' comunque interessante e non del tutto noiosa per lettori a qualsiasi livello.

PART ONE

TI SEI MAI chiesto come l'assenza dell'uomo possa avvilire questo pianeta?
Preferisco abolire il concetto dell'esistenza dell'Homo Sapiens.
Perché?
Facciamo una camminata, ti va'?
Non potrei mai immaginare un cammino senza l'uomo.
Certo potrebbe sembrare un concetto d'anarchia, se fosse così.
Non certo ad Atene.
Mm... sai una cosa?
Dimmi.
E' da parecchio che non vedo Socrate.
Non l'ho visto nemmeno io.
Anche Agatone ha lasciato Atene, da quanto ho sentito.
Guarda! Immagina per un momento questo cielo magnifico senza stelle.
Adoro le stelle, credo proprio che la maggior parte siano accoppiate.
No, non lo credo affatto.
E' forse la luna la madre delle stelle?
No, non lo é affatto.
Chiediamo a chi sa'.
A chi vorresti chiedere?
A Socrate.
Chi potrà mai sapere tutto meglio di un Greco?

Quando é stata l'ultima volta che lo hai visto?

Ieri. Per l'ennesima volta ho dovuto ammettere la mia ignoranza di fronte al suo sapere solo dopo poche parole. In tutti questi anni che ho passato accanto a lui, mi sono reso conto che la filosofia é una cosa importante nella vita; il soggetto mi ubriaca di felicità.

Lascia che ti racconti.

Sono tutto orecchie.

Il banchetto era in onore di Agatone per celebrare il successo della sua prima tragedia a Dionisia.

Dimmi un po', chi ti ha raccontato questa storia?

Fu Aristodemo, era presente al banchetto. Un pomeriggio camminavo verso la dimora di un suo conoscente quando notai passare davanti a me Socrate. Era in sandali ed era tutto tirato; non lo avevo mai visto così elegante. Sembrava proprio andasse a una festa.

—

E' veramente una bella giornata, non trovi? Mi chiese fischiettando.

Cosa trovi di così bello? Gli chiesi.

Il sole.

No, é la luna.

Davvero? Socrate, dove stai andando?

Come sto?

Bene, direi.

Vado ad una festa ad incontrare dei bei ragazzi. Vuoi unirti a me?

—

Fu una serata meravigliosa, quasi indimenticabile...

Aristodemo, che bello vederti; ti prego, rimani con noi a cena.
Be', grazie, però—
Però cosa, sei venuto qui per altre ragioni?
L'apologia é una questione delicata, non trovi?
Non ti puoi rifiutare; ieri stesso ho mandato qualcuno a cercarti per invitarti qui. Dimmi Aristodemo, come é che passi così tanto tempo con Socrate e non é con te in questo momento?
Veramente io—
Hai la più pallida idea di dove possa essere?
Eravamo insieme solo pochi minuti fa; é lui che mi ha invitato. Mi ha detto di andare avanti perché doveva riflettere su certe cose, ma poi all'improvviso l'ho perso di vista; mi domando proprio dove possa essere finito.
Capisco, Aristodemo, fatti un po' di posto e siediti dove ti fa più comodo; senza troppi convenevoli, te ne prego.
Sì, certo. C'é un po' di posto per me in questo angolo?
Sicuramente, siediti accanto a noi.
Schiavo! Muovi le chiappe e vai a cercare Socrate e portalo qui.
Agatone, non preoccuparti affatto per Socrate, lascialo in pace; sai com'é fatto quando é assorto nei suoi pensieri o durante le sue meditazioni; credo proprio non voglia essere disturbato.

Agatone!
Ditemi.
Abbiamo fame.
Sì, stiamo morendo di fame, facci mangiare, per carità.
Cosa volete mangiare?
Dobbiamo mangiare, vogliamo mangiare, abbiamo fame, abbiamo sete!
Agatone, ci stai ascoltando?
Cosa volete dopo cena?
Abbiamo fame!
E allora?
Non é che abbiamo fame, ma devi capire che tutti questi filosofi attorno a noi devono nutrirsi.
D'accordo, filosofi, non vi inquietate; che la cena sia servita.

...quindi Socrate fece il bidone a tutti; niente di nuovo, ma mi domando come mai?
Aspetta, lascia che ti spieghi...

Socrate, mio caro; stai invecchiando.
Aristofane, oggi non mi sembri affatto saggio. Tuttavia devo ammettere che ti trovo bene; come fai a mantenerti così attraente?
Sei arrivato, finalmente.
Socrate, fratello mio.
Agatone, non sei contento? Socrate é finalmente arrivato.
Socrate, caro amico, vieni a sederti accanto a me. Ora che mi sei vicino, mi puoi contaggiare con la tua saggezza.

Be', Agatone, devo certo ringraziarti, ma non illuderti; la saggezza non può certo essere trasmessa con una semplice stretta di mano fra due uomini; fra le altre cose, la mia saggezza é piuttosto discutibile. Dall'altro canto, la tua fu certo apprezzata la notte scorsa da più di cinquatamila Greci. Agatone, ti prego, illuminami con la tua saggezza.

Non scaldarti troppo, mio caro Socrate. Lasciamo che gli Dei possano giudicare fra tu ed io; per il momento, voglio solo godermi la tua rara compagnia.

—

Quindi Agatone rimase accanto a lui per tutto il banchetto; cos'altro accadde?

Non ricordo bene, Aristodemo non era certo infallibile con la sua memoria, ma credo proprio che si divertirono; furono scambiate ghirlande, cantarono, gli schiavi servirono il vino riempendo i calici di tutti i presenti. Socrate bevve parecchio, ma come al solito poteva mandare giù una botte senza battere un ciglio...

Tutto questo vino non può darci alcun fastidio. Dunque ora parleremo di cose importanti, miei cari amici.

Di che cosa?

In onore di Fedro, propongo un tributo ad Eros. Avete delle obiezioni? No, non credo affatto. Parleremo a turno, dalla mia destra verso sinistra.

Fedro, comincia tu, dopo tutto sei il padre di questa idea.

Eros, il Dio delle meraviglie, ammirato da tutti gli Dei e dagli uomini sin dalle origini della vita; senza padre e senza madre; Amore non appartiene ad alcun sesso, ne all'uomo ne alla donna. Inoltre vorrei aggiungere che Amore é senza alcun dubbio l'ispirazione più assoluta della natura, il più famoso degli Dei e delle Dee e—

Socrate, ma non hai mangiato nulla, sei ubriaco?
Dammi della frutta.
Tieni, prendi una mela.

—

Fedro era veramente un bel giovane, ma il suo eccessivo entusiasmo per l'amore gli stava piano piano offuscando i pensieri; all'improvviso era succube delle sue nozioni caleidoscopiche che gli stavano dando alla testa. Comunque fui costretto ad ammettere che aveva una voce tutta sua...

—

Non sarebbe gran cosa se le azioni dei soldati potessero essere garantite dall'amore? Certo lo sarebbe. Chi sa, forse un giorno potremmo immaginare un esercito di soldati d'amore capaci di sconfiggere qualsiasi nemico e conquistare il mondo.

—

Dopo le parole di Fedro, gli altri si unirono al dibattito e resero la serata veramente entusiasmante; all'improvviso Aristodemo non era in grado di ricordare nulla, così Pausania prese il suo posto e rese pubblico il suo punto di vista...

Mi sento alquanto incapace di reggere tale argomento, però vorrei dire che tutto ciò che é stato detto é lecito, ammesso che ci fosse solo un tipo di amore; in realtà più di uno esiste. Ora vi dirò il perché. Come sapete, Amore é al servizio della bellezza; perché la bellezza?
La bellezza non é singolare. Ci sono due tipi di bellezza, ovvero due Dee della bellezza; si, miei cari amici e filosofi.
Puoi fermarti un momento?
No, so esattamente di cosa parlo. La prima Dea era la figlia del cielo; essa era gloriosa e nobile; l'altra era la Dea della bellezza carnale, fu concepita da Zeus; era immortale, era una Dea giovane, era impaziente e senza rimorsi. Le altre due bellezze sono la bellezza divina e la bellezza terrestre. Trovate il concetto complicato? Non vi biasimo.
Puoi dare fine a questa condotta immorale?
E' di Zeus che sto parlando.
Di chi altro?
Due sono le bellezze.
Tu ed io.
Ti prego, questa é una conversazione seria.

—

A questo punto non ricordo i dettagli della conversazione, ma per farla breve, credo che Pausania accennò due tipi di amore; il primo appartenente alla bellezza carnale—

No, la bellezza sola non é la verità perché—

Ti prego, ascolta. E' del tutto volgare e senza significato, ma esiste. L'altra é celeste, divina, il non amore che appartiene solo al maschio, perché esso é forte, virtuoso e attraente, dunque più intelligente della femmina.

Ben detto Pausania.

Grazie.

Chi é il prossimo? Aristofane, forza é il tuo turno.

Ho un terribile spasimo alla gola.

Pure io.

Aiutami, oppure prendi il mio turno, te ne prego.

Fammi vedere un po'. Un buon medico capita sempre al momento opportuno. Cosa ti prende, hai mangiato come un porco?

Ho qualcosa in gola che mi da' veramente fastidio.

Che sfortuna.

Mi prude anche la faccia.

Hai i pidocchi?

Ti prego, aiutami.

Smetti di respirare e canticchia; chiama lo schiavo e fatti tagliare la barba e fatti un bagno. Vedrai, sarai più carino ed in buona salute in un batter d'occhio.

Sì, devo proprio dare ragione a Pausania; ci sono due tipi d'amore. Ma devo sottolineare che l'amore non esiste solo fra gli uomini, esiste anche fra gli animali, fra le piante e fra tutto ciò che fa parte di questo universo.

Dunque l'amore é anche fra gli animali?

Sei proprio infantile.

Lascialo parlare e sotterra quella lucertola che hai sotto la sedia.

Pensiamo alla medicina, per esempio; il corpo umano. Gli organi sani richiedono un certo tipo d'amore, mentre quelli malati ne necessitano un altro. Un buon medico ha il dovere di salvaguardare e fortificare gli organi sani e neutralizzare la ramificazione delle malattie sugli organi deboli. Come potete capire, miei cari fratelli, la medicina é dunque governata dall'amore. Lo stesso vale per la musica. Cos'é l'armonia? Cos'é il ritmo? Non é altro che una relazione amichevole fra le note stesse. La musica, come la medicina, é la scienza dell'amore, poiché crea ritmo e armonia. A questo punto non c'é alcun dubbio che l'amore é l'ago della bilancia che regola tutto ciò che ci circonda, dentro e fuori. Regola il caldo, regola il freddo e l'umidità.

—

Cos'altro accadde?

Aristofane fu finalmente in grado di parlare dopo il suo breve malessere...

La cosa essenziale é capire la vera natura dell'essere umano e le sue motivazioni. L'amore é essenziale per l'individuo perché produce prosperità e salute, ma spesso, spesso miei cari, eccesso e abuso vengono ad interferire dando origine a malanni; detto questo, la moderazione é assolutamente essenziale per il buon vivere—

Nutro gli stessi sentimenti.

L'amore nutre l'anima e tutto ciò che ci circonda.

Siamo tutti d'accordo?

Alla fine l'amore ci insegna a convivere in armonia con tutti gli individui e soprattutto con gli Dei. Detto questo, ho concluso. Dimentico qualcosa?

No.

Davvero?

Penso di no.

Non biasimatemi se così fosse.

Ora, fratelli cari, é il mio turno.

Però vi dirò che il mio approcio sulla questione é alquanto diverso. Sono sempre stato dell'opinione che l'uomo non si rende conto del vero potere dell'amore; ciò spiega i suoi insuccessi. Lasciate che vi spieghi il vero ruolo dell'amore. Cominciamo con le origini. L'uomo era figlio del sole, la donna figlia della terra e l'androgeno figlio della luna—

Sembra che non ci siano dubbi.

Essi avevano la forma di una palla, proprio come i loro antenati; avevano quattro mani e quattro gambe e due sessi nel di dietro; una testa e due facce, direi molto simili e poste l'una opposta all'altra. Potevano muoversi eretti o fare la ruota.

Vorresti dire che tutti avevano doppie parti?

Certo, tutte le loro parti erano doppie.

Ma come potevano vedersi se le loro faccie erano... insomma, come dici tu?

Non ne avevano bisogno alcuno; con amore potevano considerarsi un'anima unica; ciò li rendeva forti e forte era il loro volere così che, senza alcun timore, potevano innalzarsi al cielo per contrastare gli Dei.

Incredibile.

Trovo Aristofane veramente attraente senza barba, siete d'accordo?

Sta zitto! Voglio sentire cos'altro ha da dire.

Calma, sono ancora qui. Dicevo? Ecco, ora rammento. Ma Zeus, un bel giorno, decise di confrontarli. Voleva punire gli umani per la loro insolenza. Spiegò agli altri Dei che decise di tagliarli in due per renderli deboli. Disse: Saranno più numerosi, ma avranno solo due gambe per camminare; se decidessero nuovamente di confrontarci, li taglierò ancora una volta fino a renderli zoppi.

Quindi li tagliò in due e li diede ad Apollo, che per salvare capra e cavoli e farli sembrare più decenti, li girò il viso, tirò la pelle e la cucì con del filo così creando l'ombelico. L'operazione chirurgica riuscì perfettamente, fu un'opera d'arte. Non li consentì alcuna convalescenza, giusto per ricordarli la punizione. Un giorno, gli umani decisero di cercare la loro metà, per riunirsi e ritornare al loro stato primitivo, ma perirono poichè non potevano pensare ad altro. Ritrovare la loro anima gemella era l'unica cosa che avevano in mente. Fratelli, questo é il motivo per il quale spendiamo una vita intera a trovare la nostra vera natura.

Più in là Zeus decise di riparare il danno; i mutilati erano sempre tristi. Così decise di spostare il sesso di fronte affinché potessero riprodursi; i maschi non dovevano più inseminare i prati, ora potevano inserire il loro seme nella femmina e preservare la specie. Questo fu dunque il vero potere. Celebriamo in onore dell'amore; non soffriremo mai più e mai più saremo divisi l'uno dall'altro.

PART TWO

OTTIMA RAPPRESENTAZIONE!
Davvero?
Ora é il mio turno, ma preferisco che Agatone mi preceda.
No, Socrate, mai prima di te. Ho la vaga impressione di trovarmi in mezzo ad imbecilli; qui sotto il mio stesso tetto.
Ci risiamo. Voglio farti presente che siamo gli stessi imbecilli che applaudirono la tua vittoria la sera prima.
Hai ragione mio caro Socrate; in questo caso mi sottometterò ai vostri voleri e mi guarderò da ciò che dico d'ora in poi.
Eros, sì, il soggetto é veramente interessante ed interessante é il fatto che egli é il più giovane, il più felice ed il più affascinante di tutti gli Dei. Ha tutte le qualità di un eroe; coraggio, saggezza, moderazione e tante altri doti. Ha anche l'incredibile abilità di contagiare per il meglio tutti coloro che gli stanno attorno. Questo é tutto ciò che mi sento di aggiungere; potrei dire di più, ma non me la sento.
Socrate, ti prego, illuminaci con la tua saggezza.
Non sono io stesso consapevole della mia saggezza; l'unico mio desiderio é di nascondermi; il desiderio di un saggio é di assorbire la saggezza di coloro che lo circondano. Non mi sento affatto in grado di competere con voi, miei cari amici.

Niente stratagemmi d'umiltà; tu sei Socrate, il più saggio dei saggi, l'unico filosofo che tanto ammiriamo; forza, sputa la tua sapienza.

Al vostro servizio, ma prima vorrei farvi due domande se mi é concesso, mio caro Agatone.

Vade retro Satana!

Cosa dimentichi?

La tua domanda.

Nulla é più importante della verità.

Si, é certo importante, devo ammetterlo.

Hai fatto presente che prima di parlare d'amore é fondamentale capire la sua natura.

Non l'ho detto affatto.

Illuminami, cos'é l'amore? E' forse per cose materiali o per qualcuno?

Niente affatto. C'é anche la paura, l'odio, la gioia, il piacere, la sorpresa, la gelosia, la disperazione e molti altri sentimenti.

Spiegami dunque, c'é amore per le cose belle?

Certo, c'é sicuramente amore, anche e soprattutto per il bello.

Sei quindi d'accordo che l'amore ama ciò che possiede?

Non posso contraddirti anche se lo volessi.

Quindi non puoi contraddire la verità, ma ti senti di contraddire Socrate.

Cosa penseresti se ti dicessi che ti amo?

Che cos'é l'amore?

La più grande emozione, la più divina, la più celebrata.

Un giorno a Mantinea, incontrai un filosofo interessante, Diotima; le dissi che Amore era buono e bello, ma lei mi azzittì. No, mi disse. L'amore non é buono.

Perché? Le chiesi. Ci farà del male?

L'amore non é buono, ma non é nemmeno cattivo.

Tutti sanno che l'amore é il più grande degli Dei.

No, non lo é. Tutto ciò che ti posso dire é che egli é un buon demonio; é una forza cosmica, un importante messaggero tra gli esseri umani e gli Dei.

Da dove viene?

Il giorno in cui Afrodite, Dea della bellezza nacque, gli Dei celebrarono con un banchetto; Pòros, Dio della saggezza era tra gli ospiti; ad un certo punto, ubriaco di nettare, entrò nel giardino di Zeus e cadde al suolo per poi addormentarsi. Poco dopo, Penia, Dea della povertà, si avvicinò all'entrata per approffittare degli avanzi del banchetto e quando vide Pòros straziato al suolo, si sedette accanto a lui. Approfittò del giovane e rimase incinta. Così nacque Eros, l'ambiguo figlio dell'abbondanza e della povertà. Tutto ciò che toccava gli cadeva dalle mani come se fosse in fuga; mai nulla gli apparteneva e rimase povero per tutta la vita. Poteva essere felice, ma poteva anche morire all'improvviso.

Che bella storia.

Devi sapere che Amore non ha dimora, é un vagabondo nelle tenebre; vive senza scarpe e senza vestiti; si rifugia fra porte e scalinate.

Ora capisco.

Ma é anche artefice d'inganno e di trucchi e sa' solo amare la bellezza.

L'amore?

Vive tra sapienza ed ignoranza e si dedica alla filosofia per tutta la vita. Credi che Amore sia buono e senza inganno? Credi che Amore possa essere l'amante perfetto? Niente affatto. Amore é solo colui che é amato.

Quindi, cosa ci rimane?

L'uomo desidera bellezza e felicità, ma in realtà ama solo se stesso; é pronto ad ingannare, ad uccidere, ad oscurare la realtà per salvare la propria anima. Tuttavia un'altra parte di esso vuole il bene e coltiva sentimenti ed ambizioni. Il desiderio innato é di procreare. La continua ricerca é in fine la bellezza. E' l'unico modo per preservare la specie. E' l'unico modo per evitare l'estinzione. Un uomo e una donna; é un'immagine meravigliosa, non trovi?

Un uomo e una donna. Ma dimmi straniera, tu che parli di cose così belle, può davvero un uomo amare una donna?

Sì.

Come?

Chiudi gli occhi e lasciati andare.

Ho dei dubbi.

Non avere mai dubbi.

Ti prego, aiutami.

Trova la tua altra metà, avvicinati a lei e riunisciti.

La Dieta che Uccide

EASY ITALIAN READER

Copyright © 2013 by Alfonso Borello
All rights reserved

Non si vive di solo pane.

PART ONE

GLI ADOLESCENTI SONO grassi, molti fanno addirittura fatica a camminare. Ogni anno negli Stati Uniti più di quattrocentomila individui rimangono vittime di attacchi cardiaci e muoiono. L'Americano medio quando arriva a sessant'anni, se ci arriva, ha mangiato quindici vacche, novecento polli, dodici capre, e venticinque maiali; chiamiamoli pure porci, per rendere più l'idea. I ristoranti chiamati *fast food* dominano il settore ristorativo con oltre l'ottanta per cento del mercato. Qual'é il loro segreto? Hamburger e patatine, ovvero il cibo che fa gola e che uccide.

Questa dieta disastrosa é peggio del fumo. Alle donne favorisce il cancro al seno, agli uomini fa venire il cancro alla prostata. Questo tipo di cancro ci mette un po' di tempo a colpire ed é in genere preceduto da attacchi al cuore per arterie intoppate, problemi ai reni, ipertensione per eccesso di sodio, di lipidi e di proteine animali. Fare esercizio o giusto camminare un po', forse potrebbe rendere i dati meno disastrosi, ma agli Americani non piace camminare ed i pochi marciapiedi che esistono sono desolati. In poche parole, non c'é anima viva ed é addirittura impossibile trovare i cestini dei rifiuti che sicuramente sarebbero utili; la gente ha fame e parecchi mangiano anche in macchina per non morire di fame. A rendere i fatti ancora più assurdi sono i drive-thru, nei fast-food e addirittura nelle banche; perché no? Camminare fa male. Anche l'industria automobilistica ha dovuto adeguarsi installando nei veicoli porta bicchieri giganti; alcuni possono addirittura accomodare una bottiglia di soda da due litri. Un bel rinfresco, perché no? Una dose tale contiene quasi trecento grammi di zucchero, poco più di un quarto di kilo. Peggio di così si muore, di iperglicemia. Che cosa sta succedendo in America?

E' forse vero che più malati ci sono, più ospedali fanno operazioni, più farmacie danno medicine, più persone muoiono e meglio é per l'economia; d'altronde tutti devono lavorare. Ciò che fa più paura é che i medicinali, per lo più lassativi, non fanno altro che peggiorare la situazione, poiché provocano lesioni gastro intestinali e dilatano lo stomaco. Perché la gente mangia così tanto? E' forse la televisione, o meglio la scatola magica che ci trasmette messaggi subliminali di marketing che ci incrinano la mente e ci dettano come dobbiamo vivere la vita abbuffandoci fino alla morte?

A Dallas, nello stato del Texas, c'é un ristorante assassino che ha il decoro di ammettere, su un'insegna ben visibile ai turisti, che il cibo servito può uccidere. L'ultima vittima, che infatti é scomparsa per complicazioni al cuore, si chiamava Glenn River. Il signor River é addirittura apparso in televisione come portavoce su uno spot pubblicitario. Pesava duecentonovanta pounds ed aveva solo ventinove anni. Quando al propietario del locale fu chiesto se si sentiva responsabile per la morte del cliente abituale, rispose:

"Certamente! E' tutta buona pubblicità per il mio locale, perché quelli che mi odiano, me ne cantano di tutti i colori, scrivono ai giornali ed il mio ristorante diventa una meta turistica obbligatoria. Conoscete un altro posto dove potete godervi un hamburger di otto pezzi da ottomila calorie? E' del tutto vero che ammazzo la gente ma così fan tutti i ristoranti che vendono questo cibo spazzatura."

Non so se suona bene in Italiano, perché junk food é proprio un modo di dire Americano. Ma non preoccupatevi, qui in America nessunno muore di fame. Ma l'obesità sembra mettere a repentaglio la sicurezza nazionale ed é un problema grave. Quindi il governo ha finalmente deciso di dichiarare guerra all'obesità.

"Come?"

Qualcuno con spirito imprenditoriale ha avuto un'idea brillante: i boot camp. Non c'é traduzione in Italiano, quindi per semplicità li chiameremo campi di tour de force, che sembra un po' Francese. L'idea é di convincere un grasso a spendere cinquemila dollari in cinque settimane facendolo sgobbare con esercizi assurdi per perdere peso; circa una quindicina di chili.

"Ne vale la pena?"

Be', non é un gran che ed anche dieci chilogrammi é meglio di niente, ma cinquemila dollari sono un po' un'assurdità. Certi servizi dovrebbero essere gratuiti, ma non in America. In America la gente vuole fare soldi; non é nemmeno importante imparare la lingua; tre termini sono più

che sufficienti: I, me and myself. Giusto per abbreviare:
"What's in it for me?"
In alcune nazioni, come l'India e la Cina, certi problemi non esistono affatto; la gente mangia una ciotola di riso e verdura e se ne frega dei boot camps tenendosi i cinquemila dollari in tasca.
Come vedete, il sogno Americano é basato sugli affari. Si fanno soldi quando la gente ha fame e mangia a più non posso, si fanno soldi quando vanno a smaltire al gabinetto perché hanno bisogno di lassativi, si fanno i soldi per portarli in ospedale perché dimagriscono, ma ricominciano a mangiare come dei porci ed infine si fanno i soldi quando muoiono, perché i funerali non sono certo gratis.
"Abbiamo fame!"
Ma non dimentichiamo i benefici, perché il segreto per vincere le guerre, belle o brutte, é di sfamare i propri soldati per tenere su il morale. Lo stomaco pieno così diventa la vera dichiarazione d'indipendenza. Il concetto di mangiare a sbafo, visto a priori, é un po' un manifesto di benessere, una vera e propria dichiarazione di supremazia, uno schiaffo morale alle nazioni povere che non si possono permettere di sfamare i propri cittadini. Tra il mille novecento cinquant'otto ed il sessant'uno, la Cina di Mao fece un esperimento tragico; con un decreto ministeriale, i contadini furono costretti a smettere le loro attività agricole per convertirsi in produttori d'acciaio. I contadini cominciarono a raccogliere metalli nei posti più insoliti e li portarono ai forni; forse ai fornelli di cucina, per fonderli. L'acciaio si rivelò inservibile.

Quaranta milioni di Cinesi morirono di fame e la nazione fu costretta al cannibalismo. Un padre di famiglia disse alla moglie:

"Non c'é cibo a sufficienza per tutti; ti do il mio corpo, così potrai sfamare i nostri figli."

Mao Zedong voleva solo convertire la nazione in una potenza industriale dal giorno alla notte, per poi superare la Gran Bretagna, ma si fece, finalmente, un bagno nel fiume Yangtze, giusto per rinfrescarsi le idee.

PART TWO

NEL MILLE NOVECENTO cinquant'otto, in America, la più famosa catena di ristoranti che ancora oggi serve patatine fritte e carne tritata, o qualcosa del genere, aprì il primo locale. Forse la Cina aveva qualcosa da imparare; prima lo stomaco e poi le acciaierie.

Ma quali sono in realtà gli effetti devastanti dell'obesità se non addirittura un viaggio nella camera ardente?

Difficoltà respiratorie, infiammazioni all'intestino ed emicrania cronica.

In California, uno degli stati che ha dichiarato guerra al cibo spazzatura, i critici dichiarano che i bambini sono più suscettibili a questo lavaggio del cervello attraverso la scatola magica. Regalare giocattoli stupidi con l'acuisto di un pasto per i junior é una pratica che deve essere abolita. La legge che proibisce questo tipo di marketing é stata proposta e successivamente attuata, ma non senza boicottaggio dai ristoratori, i quali hanno speso milioni di dollari ingaggiando potenti avvocati senza scrupoli che sono andati porta a porta ad intimorire i propositori con minacce verbali. I ristoranti, con l'amare in bocca per la sconfitta, sono passati al contr'attacco ed hanno creato un nuovo menù con scelte meno disastrose, in apparenza. Insalate, perché no? La verdura fa bene.

Olio extra vergine d'oliva e aceto per condimento? Niente affatto. I condimenti devono essere ricchi e le scelte in genere sono tre. Non é neppure il caso di tradurle perché i nomi stessi fanno ridere ed il contenuto calorico é raccapricciante: ranch, blue cheese e thousand island. Valore (nutritivo) trecento calorie, per due, perché la frase tipica extra dressing é di norma. Qual'é in realtà il contenuto di questi condimenti? Olio vegetale, uova e mayonese. Be', le uova fanno bene, avete qualcosa in contrario?

Ma aspetta un attimo, mangiare bene é noioso, é importante ciò che mangiamo, ma la vita deve essere vissuta alla massima espressione; la vita é corta e ad accorciarla ancor di più non ci vuole niente. Purtroppo é un dato di fatto, nella dieta dell'Americano medio c'é troppo grasso. Il livello di colesterolo che blocca le arterie é insostenibile. Il fegato deve pulire per salvare capre e cavoli, ma arriva ad un certo punto, nel giro di pochi anni, dove non ne vuole più sapere. Purtroppo il grasso non é il solo problema; l'eccesso di proteine animali fa anche la sua parte, purtroppo. Un momento, le proteine sono essenziali e fanno bene ai muscoli. Non esattamente, perché ci sono proteine e proteine. Infatti, le proteine animali, dopo il grasso ed il sodio, sono quelle che creano ancora più problemi. Carne, pesce e volatili hanno troppe proteine. Tutto ciò sembrerebbe un'idiozia, perché le proteine fanno bene e non sono mai abbastanza, secondo il consenso generale e sono così adorate dagli sportivi, soprattutto dai culturisti. Un momento, l'eccesso di proteine animali é anch'esso disastroso ed é scientificamente provato. Per una persona media che non fa sport e si muove poco, trenta grammi di proteine sono più che sufficienti; purtroppo l'Americano medio ingerisce più di cento cinquanta grammi di proteine; uova e pancetta per colazione, hamburger a mezzogiorno, bistecca e gelato per cena. Il tutto ha un valore nutritivo, solo in proteine, equivalente a cinque pasti.

    Troppe e perché? Semplicemente perché l'organismo non ha la capacità di accumularle come il grasso e perciò devono finire da qualche parte. Il fegato entra in azione perché ha il compito di pulire, ma il processo é lento e provoca problemi e gli aminoacidi vanno alla deriva, nei reni, dunque perdendo il prezioso calcio. Perché? Le proteine animali, a differenza di quelle vegetali, sono molto concentrate e contengono anidride solforosa o diossido che a sua volta crea acidità nell'organismo; gli aminoacidi circolano nelle ossa e voilà, dissolvono il calcio. Le proteine vegetali contengono fibre e meno acidi, perciò il processo di assimilazione é molto più lento e delicato ed il calcio rimane dove deve rimanere. Il processo di dissoluzione é chiamato iper-calciuria, proprio perché il calcio finisce nelle urine per escrezione urinaria. Ogni volta che mangiamo un pezzo di carne, bianca o rossa, il calcio finisce nel gabinetto. Da non dimenticare é il fatto che la maggior parte degli animali crescono in fattorie biologiche dove vengono somministrati potenti antibiotici e pesticidi ed il rischio di salmonella é alto; quattro milioni di persone nel nord d'America ogni anno rimangono vittime; che cos'é l'influenza? Intossicazione da salmonella. Gli antibiotici sono cancerogini e finiscono nel nostro intestino.

Morale della favola, troppe proteine uccidono il calcio, anche per coloro che fanno uso di supplementi e bevono galloni di latte. Le teorie che vengono spesso pubblicate sulla stampa, dove si insiste che l'osteoporosi, ovvero quando la densità ossea diminuisce, é causata da una carenza di calcio perché non si beve abbastanza latte, sono delle falsità e non devono assolutamente essere accettate per dato di fatto perché non hanno alcuna validità scientifica. L'osteoporosi o osteomalacia é causata da eccesso di proteine dove il risultato é un bilancio negativo di calcio perché finisce nelle urine.

L'università Americana di Cornell ha condotto degli studi approfonditi sulle cause della osteoporosi; dopo numerose ricerche nei paesi come la Cina e la Tailandia, dove il consumo di riso e vegetali é di norma, i dati parlano chiaro; madri di cinque figli, alla tenera età di ottanta anni, hanno ancora ossa forti e sane e non hanno mai visto un bicchiere di latte.

Per concludere diamo un'occhiata alla piramide delle evidenze; sarebbe meglio capovolgerla? Niente affatto. La piramide alimentare deve essere semplificata. Per lo più é una barzelletta ideata dal ministero dell'agricoltura indietro nel 1956 per incrementare il consumo di carne e latticini. Sì, state leggendo bene.

Dunque qual'é la ricetta per vivere sani?

Un litro d'acqua, trenta grammi di proteine che non devono affatto essere animali, poichè il grano contiene il dieci per cento di proteine, minerali e vitamine provenienti da frutta e verdura ed infine energetici, che anch'essi sono presenti nella frutta e negli olii delle piante.

Avete ancora fame?

Perché Noi?

EASY ITALIAN READER

Copyright © 2013 by Alfonso Borello
All rights reserved

Perché la banalità della superstizione non ha frontiere.

Per la mia dolce Amelita.

PREFAZIONE

I fatti descritti in questa storia sono raccapriccianti. Purtroppo sono realmente accaduti. Non ci sono parole per esprimere sdegno e vergogna, solo disgusto.

PART ONE

ENTRANO IN CASA mentre dormiamo e ci fanno a pezzi. Vogliono vendere le parti dei nostri corpi per arricchirsi; un piede, un braccio, una mano; anche la più piccola vale più di duemila dollari. Gli stregoni hanno bisogno del nostro sangue per le loro pozioni magiche. Mia sorella Albetina aveva solo cinque anni quando fu uccisa, proprio in questa baracca, davanti ai miei occhi. Mi portarono nell'altra stanza, erano in quattro; due avevano un'ascia, Albetina piangeva e gridava, era disperata; le amputarono i piedi e le strapparono la lingua; ad un certo punto ci fu silenzio assoluto, Albetina morì dissanguata pochi minuti dopo. Non ricordo i loro volti perché era buio e la mia vista é debole, ciò che vidi fu solo la loro silouette.

Ora sono a scuola, praticamente vivo qui, giorno e notte; una volta questo posto era una scuola, ora non lo é più; é un rifugio per i bambini dalla pelle bianca; ci chiamano albini. Ho il terrore la notte quando mi alzo per fare pipì; ho il terrore che i persecutori possano trovarmi e portarmi via da questo posto, dal mio rifugio. In Tanzania, la mia patria, gli albini vivono nel terrore; quella bambina che siede in quell'angolo si chiama Shamira, ha solo undici anni; non parla con nessuno, ha paura di tutto; ha una protesi perché le tagliarono una gamba. Ha perso molto sangue, ma in qualche modo riuscì a sopravvivere all'agguato. E' davvero un miracolo, ha certamente una gran forza di volontà, un gran desiderio di vivere. Non voleva lasciare l'ospedale quando fu dimessa; aveva il terrore di un'altro agguato.

Quello che mi domando é perché ci vogliono del male; siamo solo dei bambini e non possiamo certo far del male a nessuno. Io stesso non ho mai fatto del male a nessuno; non voglio finire all'inferno, perché Dio ti castiga sei fai del male alla gente.

Molti di noi hanno problemi alla vista; il problema é la carenza di pigmenti. Per lo stesso motivo abbiamo anche problemi alla pelle; dobbiamo stare lontani dal sole perché ci può aggredire; cancro alla pelle sono brutte parole, ma ci vengono ripetute ogni giorno dalle buone persone che in questo posto si prendono cura di noi.

"Il cappello, mettiti il cappello e non dimenticare la crema; spalmala bene. Come si chiama questo, ti ricordi come si chiama?"

"Si chiama parasole."

"Perché si chiama così?"

"Per ripararmi dal sole."

"Bravo, sei un bimbo adorabile, sei davvero intelligente. Non dimenticarti mai di portarlo, non voglio che ti bruci."

Ci vogliono bene; sono le uniche persone che ci vogliono aiutare. Quella signora laggiù é anche lei albina; é la donna di servizio. Ogni volta che portano un bambino amputato, piange di dolore; a volte piange per due giorni consecutivi, é davvero una persona sensibile; vorrei tanto fosse mia mamma. Ho sempre desiderato avere una mamma. La mia mi manca tanto; scomparve quando avevo quattro anni; un giorno uscì di casa a fare compere e non tornò più a casa. Anche lei era albina.

Ci sono molti albini in questa scuola. Ci sono anche parecchi bambini ciechi ed alcuni sono molto deboli di salute. Negli ultimi otto mesi il numero dei bambini é quadruplicato, ora siamo più di cento. Questa mattina ho sentito alla radio che c'é stata un'altra vittima; ancora un'albino; l'agguato é avvenuto solo pochi kilometri da qui. I grandi mi hanno spiegato che il fulcro di questa tragedia in Tanzania é l'ignoranza. Parecchi, soprattutto quelli senza educazione, sono superstiziosi. Credono alle stregonerie e gli stregoni stessi fanno di tutto per ingannarli facendoli credere che i loro riti e le loro pozioni sono rimedi infallibili per le malattie e se ben formulate con parti del corpo di albini giovani, possono addirittura favorire il successo in un'attività commerciale appena avviata. Sono tutte ipocrisie, insistono i grandi, ma per il governo sembra piuttosto difficile fermare questi delitti, perché certa gente, buona o cattiva, vuole proprio credere a ciò che li fa sognare. I sicari sono instigati e commettono atrocità senza scrupoli, perché il denaro diventa una malattia e nemmeno le urla strazianti di un bambino tagliato a pezzi possono fermarli. Ma é palese che i veri responsabili sono gli stregoni; sono proprio loro stessi che istigano i malviventi più accaniti a commettere certe atrocità. Recentemente si é addirittura sentito parlare di un nuovo trend, soprattutto al nord; gli amuleti per certi incantesimi possono solo essere concepiti con parti del corpo di albini con particolari caratteristiche, per esempio gemelli or individui affetti da eterocromia.

Il governo ha promesso giustizia, il nuovo presidente ha persino eletto al parlamento una giovane donna albina, si chiama Shamila. E' una donna che ha pianto tanto per ciò che é accaduto; viene qui spesso; ci porta creme per la pelle, ci porta vestiti e a volte dolci e caramelle. Ci guarda negli occhi per ore; credo proprio che soffra a vederci in queste condizioni. La settimana scorsa ci ha detto che nove persone sono state condannate per aver mutilato dei bambini albini in un villaggio distante solo cento kilometri da qui. Abbiamo seguito le notizie del processo alla televisione; ho sentito la parola appello, ma non conosco il significato; penso sia una parola difficile che solo gli avvocati conoscono.

Accendiamo la televisione, vediamo se ci sono dei cartoni animati, é ora di ridere un po'. No, sembra ci sia un'altra brutta notizia. La notte scorsa c'é stato un altro massacro. Due sconosciuti sono entrati in un casotto nel pieno della notte; si sono diretti nella cameretta di un bambino mentre dormiva; sua madre era nell'altra camera, anch'essa addormentata. Il bambino cominciò a gridare appena vide gli sconosciuti; infuriati, gli tagliarono la testa e poi i piedi e si allontanarono nel buio della notte. La madre udì le urla del piccolo e si affrettò nella camera; il corpo era mutilato e dissanguato. La madre si accostò davanti al figlio, per quel poco che rimase e scoppiò in lacrime inorridita. Dopo gli accertamenti della polizia, due individui furono arrestati e confessarono di aver consegnato le parti del corpo allo stregone del quartiere; gli inquirenti irruppero nella capanna dello stregone, recuperarono le parti e le riportarono alla madre; che consolazione. Ecco, ora mostrano le fotografie. Vado a fare due passi fuori, queste immagini sono raccapriccianti.

Oggi il sole é troppo forte e c'é troppa luce, devo rimanere dentro; vorrei proprio uscire a giocare un po', ma non é possibile. Sono due giorni che non vedo Molet; a volte non esce dalla sua camera; non ho mai sentito la sua voce in questi quattro mesi che si é trasferita qui. Ci siamo fidanzati due giorni fa, ma lei non lo sa ancora. Anche lei, come tutti noi, ha avuto un'infanzia terribile. Un giorno, un cane randagio le morse una gamba; non era molto grave, infatti era solo un graffio, ma un suo parente la convinse ad andare in ospedale per un'iniezione anti tetano; titubante acconsentì, la accompagnò; fu una decisione tragica, era una trappola perché la portarono in un campo e le amputarono una gamba e la manina sinistra; aveva solo cinque anni. Ora non vuole andare da nessuna parte; quando la vedo le parlo per ore ed ore; non dice niente, ma so che mi vuole bene perché mi guarda negli occhi per tutto il tempo. Quando c'é amore non c'é bisogno di nient'altro, l'ho letto su un libro dei grandi.

Oggi le ho portato un cioccolatino, ma non lo ha mangiato; forse sa che la cioccolata fa male; é una ragazzina molto intelligente. Quando ci sposiamo lavorerò duro per comprarle una protesi migliore; quella che ha adesso é di legno ed é un po' corta.

Forse le fa un po' male perché vedo che fa fatica a camminare. Voglio portarla in Europa o negli Stati Uniti; ho sentito che lì trattano gli albini con rispetto; forse se ci vedono senza una mano e senza una gamba ci rispettano di più e ci danno il foglio di soggiorno. Mi sono confidato con il poliziotto che ci fa la guardia durante la notte, ma si é messo a ridere; forse non mi sono spiegato bene, comunque gli ho chiesto di mantenere il segreto e lui me lo ha promesso. Mi ha detto che sono due o tre giorni che non mi vede alzarmi per fare pipì durante la notte e mi ha chiesto il perché. Gli ho spiegato che sento sempre dei rumori strani nel corridoio che porta ai servizi; mi fa un po' paura perché fra l'altro non c'é molta luce e devo correre, devo fare tutto in fretta perché se mi prendono, di sicuro mi uccidono. Ma lui é stato molto gentile, mi ha accarezzato il capo e mi ha detto che non devo preoccuparmi di nulla, perché questo é un posto sicuro e lui arresterà tutti coloro che cercheranno di farci del male. Mi fa veramente piacere sentire le sue parole; tuttavia il buio mi fa sempre paura.

Domani é Giovedì. C'é un signore molto distinto che viene sempre verso le quattro del pomeriggio; viene a portare dei fiori sulla tomba di sua figlia. Ci sono più di settanta tombe nel giardino adiacente. La ragione per cui preferiscono sotterrare qui gli albini é perché ci sono stati dei casi dove dei malviventi sono andati al cimitero ed hanno preso dei corpi dalle tombe; é disgustante. Dopo più di cinquant'anni d'indipendenza, la gente crede ancora a questi miti, a queste fesserie, a questi affari condotti da stregoni senza scrupoli. Un giorno questo povero padre mi raccontò che due tipi loschi erano al mercato del paese e videro un albino; uno di essi disse all'altro: "Ecco un affare."

Il padre si voltò e prese a pugni i due che decisero di non reagire e se la diedero a gambe; davvero dei codardi. Uno dei due era un pescatore; molta gente in questa zona si dedica alla pesca perché non c'é lavoro; non c'é nient'altro da fare, non ci sono turisti, non ci sono nemmeno negozi, perché non c'é assolutamente niente da comprare. I pescatori sono molto superstiziosi; cantano e invocano l'aiuto degli spiriti per catturare più pesci. Spesso e tristemente fanno uso di amuleti e pozione magiche. Molti smentiscono di fare uso di stregonerie, dicono che fanno solo uso di medicine tradizionali, ma purtroppo sono proprio loro che visitano gli stregoni affinché gli aiutino negli affari. La polizia sembra avere le mani legate; i testimoni spariscono nel nulla e senza gli occhi che guardano, le vittime non vedono mai giustizia. Gli abitanti hanno più paura degli stregoni che della giustizia, perché credono che l'ira degli spiriti può abbattersi sul loro destino. Non ho mai sentito nulla di più stupido. Vorrei tanto fare quattro chiacchere con uno di questi stregoni, ma purtroppo sono una preda appetitosa e non avrei scampo se finissi in una di quelle capanne.

PART TWO

"LEI E' IL capo della polizia locale?"
"In persona."
"Mi hanno parlato bene di lei."
"Non dica stupidaggini, faccio solo il mio lavoro. Lei é un giornalista?"
"Come fa a saperlo?"
"Ha la faccia. Un cacciatore di taglie certo non sembra, un turista nemmeno, quindi deve essere per forza un curioso."
"Forse un giornalista sembra la parola più appropiata. Mi fa sentire meglio."
"Certo fa sentire meglio anche me, ma la prego, non mi faccia fare la figura dello stupido agli occhi del mondo con qualche articolo brutale. La situazione é precaria da queste parti ed io cerco di fare il mio lavoro con quel poco che ho a disposizione."
"Non le faro del male, glielo prometto."
"Venga, prendiamo la macchina, voglio portarla a fare un giro della zona."
"Capanne, cellulari e ancora capanne."
"Siamo fuori dalla zona metropolitana. Si, é vero, siamo poveri, ma la maggior parte di noi non fa del male a nessuno. E' vero che ci sono degli individui meschini, ma ci sono da per tutto. Quelli con i quali ho a che fare sono particolarmente meschini, ma io sono qui per questo."

"Perché la gente crede a certe stupidaggini?"

"Non saprei. Gente che non ha educazione, gente che non ha mai letto un libro, gente che ha fiducia negli spiriti. Cos'altro potrei pensare? Veramente non potrei pensare ad altro. Il sangue ed il corpo hanno sempre avuto un certo simbolismo nella storia dell'umanità; forse é ancora dentro alcuni individui, ignoranti o no. L'uomo ha avuto un'infanzia brutale, risale alle origini della specie; ha dovuto uccidere per sopravvivere, forse l'istinto é ancora presente in alcuni di noi. Certo nelle nazioni emancipate ci si uccide in modo diverso, per lo più con le parole, i conflitti, la politica, la gelosia; é certamente un approcio più scientifico, più tollerabile, più civile."

"Be', tagliare un bambino a pezzi per il colore della sua pelle non é certo civile."

"No, non lo é affatto, forse gli albini hanno sembianze di spiriti maligni."

"Lei crede agli spiriti maligni?"

"Io sono solo un povero tutore della legge e i fuori legge sono gli spiriti maligni a cui credo. Scherzi a parte, preferisco non fare commenti su certe teorie."

"Perché ci sono poi tanti stregoni da queste parti?"

"La maggior parte pratica medicina, diciamo medicina alternativa."

"Non di certo agopuntura, a quanto sembra."

"No. Certo no. Ma sono riconosciuti dal governo e fanno parte di un ordine e sono quindi tutelati, fino ad un certo punto; chiaramente nell'esercizio delle loro funzioni. Più che stregoni, sono considerati guaritori. Loro stessi insistono che c'é un enorme differenza; la loro teoria é che gli albini vivono solo per un breve periodo per poi scomparire nell'aldilà."

"Interessante."

"Devo fare dei rilievi. Lei é delicato di stomaco?"

"Cercherò di contenermi."

"Questo palo é ancora macchiato di sangue. Secondo un testimone, hanno aggredito un bambino e lo hanno costretto a mettere la manina sul palo per poi tagliarli le dita; ne ha perse tre. Le hanno fatte cadere in un secchio per raccogliere anche il sangue e poi sono corsi via."

"E' terribile."

"Queste sono le fotografie della mano del bambino, le hanno fatte in ospedale."

"Come sta adesso il fanciullo?"

"Ha i nervi a pezzi. Il giorno dopo, gli aggressori si sono recati in ospedale con il pretesto di essere visitatori ed hanno chiesto di vederlo; probabilmente hanno avuto dei ripensamenti e volevano assicurarsi il resto delle dita, fortunatamente c'era un poliziotto vicino al piccolo; quando li vide, fece un urlo spaventoso e i due se la diedero a gambe. Il mio collega li rincorse e li arrestò."

"Dove sono i due? Verranno processati a dovere?"

"Non esattamente."

"Ma perché?"

"In un certo senso si sono auto condannati."

"Vuole spiegarsi meglio?"

"Certamente. E' stato un incidente. Uno é scivolato su una saponetta mentre gli facevano la doccia con l'idrante ed ha picchiato la testa al suolo; il poveraccio é morto sul colpo. L'altro, durante l'interrogatorio, si é gettato dalla finestra appena l'inquirente l'aprì per far entrare un po' d'aria. Anche lui é morto sul colpo."

"Ed il magistrato come l'ha presa?"

"Ha archiviato il caso. Sa' com'é, a volte la cosa migliore é deviare dai metodi convenzionali."

"Capisco. Sembra proprio il caso."

"Siamo sulla strada giusta; il governo ha finalmente deciso: basta morti! E' ora di finire questo massacro. Hanno invitato i cittadini che hanno notizie sui delitti a rendere noti i nomi dei sospetti, in forma anonima tramite i giornali; più di mille si sono fatti avanti ed i nomi sono stati finalmente pubblicati. Era proprio ora di finirla, questi poveri bambini hanno aspettato troppo e più di cinquanta famiglie chiedono giustizia."

"Lei ha figli?"

"Sì, ho figlio e moglie. Avevo un figlio e una moglie. Ora non ho più nessuno. E' per questo che faccio ciò che faccio."

SULLA PELLE DEI POVERI

EASY ITALIAN READER

Questa storia é basata su avvenimenti realmente accaduti.

Copyright © 2013 by Alfonso Borello
All rights reserved

Spesso le storie vere sono piuttosto banali per i romanzi, ma questa é una storia tragica e va' raccontata—vera e crudele.

PREFAZIONE

Il 20 Settembre 1994, a Mogadiscio, capitale della Somalia, una giovane giornalista Italiana ed il suo cameraman rimasero vittime di un'imboscata in piena luce del giorno. Alcune ore prima dell'agguato, la giornalista chiamò il suo redattore a Roma per chiederli di rimanere un giorno in più perché aveva notizie sensazionali su trafficanti d'armi, costruzioni abusive e trasporti illeciti di merci tossiche.

Quasi tutti i nomi sono stati cambiati per ovvi motivi. Jenny, la ragazza con la Ducati ed il suo faccendiere sono personaggi immaginari.

SAMPLE CHAPTER

NON CREDO CHE sia una buona idea.
Non importa; bella o brutta voglio la verità.
Paola Fulci era una mia cara amica, era in cerca della verità e amava il suo lavoro; poiché il governo Italiano si é totalmente disinteressato sull'accaduto, é ora che qualcuno ci veda chiaro.
Hanno fatto tutto il possibile; il caso é stato chiuso e riaperto alla nausea; hanno speso milioni di Euro e finalmente hanno in custodia un cittadino Somalo che sta scontando ventisei anni per omicidio aggravato.
Sei uno sciocco. Non era affatto il lavoro di un contadino analfabeta improvvisatosi mafioso; é solo un capro espiatorio, c'é sotto qualcosa di più grosso. Paola era sulle tracce giuste, ma qualcuno ha deciso di azzittirla; questo é ciò che é accaduto.
E' andata in posti dove non doveva.
Per Bacco, era una giornalista.
Certo lo era, ma é andata contro qualcosa di troppo grosso; l'eco mafia non scherza affatto; é un affare sporco di ventitre miliardi di Euro solo in Italia; quattromila miliardi in tutto il mondo, dove tredici nazioni sembrano implicate. Giornalista o no, c'é un limite a tutto. Ha calcato troppo ed ha firmato il suo stesso contratto di morte.
E' un eroe, secondo i media ed i colleghi.
Sicuramente é diventata un eroe subito dopo la sua morte. In altre circostanze sarebbe

semplicemente rimasta un'altra giornalista. Purtroppo sveglia non era. Quando le cose cominciavano a puzzare. sarebbe dovuta sparire per un po', come fu consigliata, per far calmare le acque; ma decise di continuare a giocare a Sherlock Holmes continuando ad intervistare sultani e principi di guerra per poi finire con una pallottola in testa. Qualcuno l'ha perfino chiamata comunista. Voleva diventare un eroe e c'é riuscita per difetto, dentro una bara avvolta con una bandiera Italiana, su un aereo militare di ritorno a Roma, la sua città natale.

E' stata assassinata.

Odio ripetermi.

Ho bisogno del tuo aiuto.

Come posso aiutarti?

Fai i preparativi per mandarmi a Mogadiscio.

Stai scherzando? Le strade non sono poi così buone per la tua Ducati, anche se sono state costruite dagli Italiani. Laggiù non é posto per ragazze in motocicletta; le donne lavorano in ospedali, indossano veli e si prendono cura dei bambini; non é certo un posto per te, se mi permetti.

Insisto. Cerca le persone giuste che conoscano la zona. Sono pronta a pagare qualsiasi prezzo.

Dallo stesso autore:

A Miniature Life
Signorina
Giallo
Manstat
Faceless
Bonbon
Arms Around You
The Ducati Girl
Terror In Atlanta
Let's Get Into The Weird
Sorry But I Must Kill You
The Ducati Girl's Confessions
The Pillow Book of Carmen Garcia
Supercitizens
The First Party
The Ducati Girl – Family Affair
Are Popes Really Needed?
War of the Currents
The Ducati Girl, Darwin, and the Pig of Nebraska
M–Could You Be on Another Dimension?
Gramsci
The Ducati Girl – Toxic Connection
Sulla Pelle dei Poveri
Affari di Famiglia

Segui Alfonso Borello Facebook
http://www.Facebook.com/AlfonsoBorello

Arrivederci.

Printed in Great Britain
by Amazon.co.uk, Ltd.,
Marston Gate.